Men Zulfiya izdoshiman

Laylo Sobir qizi

© Laylo Sobir qizi
Men Zulfiya izdoshiman
by: Laylo Sobir qizi
Edition: July '2024
Publisher:
Taemeer Publications LLC (Michigan, USA / Hyderabad, India)

ISBN 978-93-5872-635-0

© Laylo Sobir qizi

Book	:	Men Zulfiya izdoshiman
Author	:	Laylo Sobir qizi
Publisher	:	Taemeer Publications
Year	:	'2024
Pages	:	44
Title Design	:	*Taemeer Web Design*

Notugal she'r

Lahzalarda yashab o'tgan baxtlar haqqi,
Baxt bor! — deyman! Baxt bor! — deyman! Baxt bor! — deyman!
Bu dunyoda hamma dardli, hamma baxtli,
Umr shunday — goho yorug', goho tuman...

Nolishlarim tog'cha, shukrim qircha bo'lar,
Inson ko'ngli to'lmas idish, barcha bilar,
Kimlardandir ketmoq uchun million yo'l bor,
Lek qolmoqchun hadsiz sabab topgim kelar...

O'tgan baxtli, quvnoq, shodon kunlar haqqi,
Tolemizga rozi bo'lib yashayversak.
Ko'zlarimiz dengizidan baxt to'kilib,
Kulgichlarda quyoshchechak yashnayversa.
Qanday baxt bu! Qanday baxt bu! Qanday baxt bu!

***

Nigohida «yurtim!» deya yongan sharor,
Ta'kidlagan «xalqim uchun bo'lay nisor!»
Chegarada qad ko'tarib mardonavor,
Alp askarning tik turishi muhabbatdir!

«Sabiyginam afg'on yutmay o'ssin!» deya,
«Aytgan allam g'am g'ussasin to'ssin!» deya,
Onaizor «Bolam baxtli bo'lsin!» deya,
Beshik quchib o'tirishi muhabbatdir!

Biz yig'lasak qalbi giryon, chekkan alam,
Jannat ichra qo'nim topgan padarginam,
Sog'inchlarim bo'lib ketsa olam-olam,
Tushlarimga jim kirishi muhabbatdir!

Gul'uzorin guftorasin kutib intiq,
Yuragini bir malakka etib tortiq,
Mard bir o'g'lon sevib qolib, bo'lib oshiq,
Dildoriga dil yorishi muhabbatdir!

Oshiq yigit yuragini ochsa takror,
Ikki yuzi andishadan bo'lib anor,
«Boring-e!» — deb, ko'zlaridan sochib izhor,
Qizginaning lab burishi muhabbatdir!

Alpomishday jasur yigit – bir so'zlilar,
Barchinoydek latofatli – oy yuzlilar,
Birgalashib pahlavonlar, gul-nozlilar,
Keksalardan hol so'rishi muhabbatdir!

Tomoshabin porlatgancha qarog'ini,
Ko'rmoq istab g'alabaning bayrog'ini,
Yashirolmay hayajonu titrog'ini,
«Olg'aa!» deya hayqirishi muhabbatdir!

Oq qordanda oppoq bo'lgan orzularning,
G'urur-u or, sadoqat va kulgularning,
Dunyodagi barcha nekbin tuyg'ularning,
Yuraklarda barq urishi muhabbatdir!

***

Men bugun tutdayin toʻkilib ketdim,
Hovuching qaydaydi, qaydaydi, ota?
Tuproqqa qorishdim hislarim bilan,
Nega taqdir buncha xoʻrlaydi, ota?

Hayot bu — kurashib yashamoq, derlar,
Sinov lashkarlari tortishadi saf.
Behosdan siltanib ketadi qoʻllar —
Kurashib-kurashib topolmasang naf.

Chashmim uzra yana yomgʻirlar paydo,
Qanchalar ogʻirdir, arta olmaysan.
Ketgansan — manziling cheki yoʻq samo,
Qaytmaysan, qaytmaysan, qayta olmaysan!

Simyogʻoch simiga qoʻngan qushdayman,
Salgina adashsam — yiqilgim qotib.
Sen esa roʻyobi sarob tushdaysan,
Uygʻonsam hamisha qoʻygim yoʻqotib...

Yelkamga ortilgan zil-zambil osmon,
Qachon qulab tushar? Bilmayman, ota!
O'nglarimda armon, so'limda armon,
Yomg'ir sherigim-u, cho'ldayman, ota!

Ko'nglimdagi nima? Rango-rang gulmi?
Yoki azoblardan suv ichgan tikan?
Ota, amin bo'ldim birorta kimsa,
Hech qachon o'rningni bosolmas ekan!
***

O'zimga

Na bir qofiyaga qo'ling kelishar,
Na bir ichingdagin ayta olasan.
Hislaring qog'ozga to'kila boshlar,
Ammo tugallamay, to'xtab qolasan.

Koinot haqida aytarlaring ko'p,
Ichingda bir vulqon qaynaydi rosa.
She'r qilish istaysan qarashlaringni,
Insonlar haqida qilib xulosa...

Lekin yana o'sha muammo — she'rsizlik,
Ruh-u qalbing sog'inch hissiga to'lar...
Huuuv o'sha o'tmishda bo'lgani kabi,
Misralar ichiga to'kilging kelar...
***

Ko'nglimga bir tilsim qurib olgan in,
Oshkor etmas o'zin ming yillik sirday.
Menga noqulaylik keltirgani chin,
Ko'ylak yoqasiga yopishgan kirday!

Bulut-dastro'moldir, osmon ko'z yoshin,
O'zining bag'riga singdirib olgan.
Bundan yurak bag'ri kuyib quyoshning,
Otashi so'nmasga aylanib qolgan...

Shamol bastakoru, teraklar nota,
Ular bastalaydi hayot kuyini...
Yuragimda esa davom etmoqda,
Bir-biriga dushman hislar o'yini!

Kapalak tushadi zamin raqsiga,
Tabiat tilida qushlar so'ylamish!
Allohim, sabab ne tuyg'u bahsiga,
Ne sababdan yurak topmas oroyish!

Inqilob boshlangan qalbimda balki,
Ko'zimdan quyilar hislarim — daryo!
Tug'ilar qadimiy dardlardan bunyod
Ibtidosi toza, yap-yangi dunyo!

***

Chigirtka, chirilla...

Tunni boshingga ko'tar.
Oymomo va yulduzlarga boqib,
Negadir tinmasdan yig'lagim kelar.
Chirilla — yig'i sasi bilinmay ketsin,
Gurkirab ochilgan gullarning —
Tunda yumib olgan ko'zlarini ochsin ovozing
(garchi imkonsiz...).
Hali pishib ulgurmagan jo'xorilar,
Kechagina o'rimdan chiqqan bedazorlar
Bag'rida yashayotgan jonzotlar uyg'oq!
Chirilla!
Ular ham eshitmasin yig'imni!
Hozir ham seni tinglayapman!
Sen meni tinglama!
Faqat chirilla!
Oy haqda gapirdim tepada,
Yulduzlar haqida ham so'zlabman...

Yulduzlar ko'p va ular allaga mushtoq,

Bir oy allasi qaysi biriga yetsin?!

Balandroq kuyla,

Balandroq yig'lay...

***

Salom ishq!

Sen kelding,

So'ngra men qoldim o'zgarib...

Mehmonman dedingu, mezbonday qolding!

Endi sen osmonsan,

Men esa g'arib...

Xijronga belading!

Azobga solding...

Salom ishq!

Sen kelding,

Xayollar bo'ldi sirdoshim,

So'ngra men xijronning qo'lidan tutdim!

Yig'ladim ko'zimdan ko'z yoshlar emas,

Sog'inchlar yomg'iri to'kilib ketdi...

Salom ishq!

Sen kelding...

Hech qachon ketmasang kerak!
Senla azoblarda kuyib yonaman...
Mayli!
Rozidirman,
Kuysin bu yurak,
Sen ketsang agarda
O'lib qolaman!
Salom ishq!

Sen kelding, maylimi, tuzib bir bitim,
Murosa yo'lidan boramiz shahdam.
Birga yashajakmiz sen, men va ko'nglim,
Sendan kechmoqlikni istamam hech ham!
Ketma ishq!

***

Ba'zan charchab ketasan...

Yaxshi bo'lishdan ham,

Kim uchundir kurashishdan ham.

Ularni nurga boshlamoqni istaysan...

Ammo ular buni istamasa, nima naf?!

Aqling, qalbing aro sarson bo'lasan.

Yig'laysan — yengillik kelmaydi ruhingga.

Kulasan — nimadir yetishmaydi, shunga u siniq...

Barini orqaga tashlaganday bo'lasan...

Ammo aslan hech bunday emas!

Yashaging keladi!

To'yib-to'yib nafas olging,

G'amlaringni uloqtirib tashlaging keladi.

Bir muddat eplaysan...

Ammo kimdir kelib hamma xotirjamligingni

Sochib yuboradi o'zingdan nari...

Nafas olasan...

Bo'g'zing kuyadi.

Uni yutmaslik esa...

Xullas

Qattiq charchagansan...

Ruhingga orom kerak!

***

Yana senga

Ko'zlaringda nimadir bor?

Sezasanmi?

Sezasanmi?

Qo'llaringga qo'lim cho'zsam,

Ko'zing dengizida suzsam,

Yuragimda isming kezsa,

Menla ishqim dunyosida,

kezasanmi?

kezasanmi?

Kiprigimda tongqizilar arg'imchog'in qurib olsa,

Ko'z yoshim-la, anduhimla jang jadallar

qilasanmi?

Meni baxtga egiz qilib, baxtim deya atagancha,

ikki dunyo, o, azizim, sen baxtginam bo'lasanmi?

Sen yerdagi quyoshimsan,

Kulguchimdan nur tomar,
Boqmasang quvonch bilan dilda g'ashlik uyg'onar?
G'ashlikni quvasanmi?
So'ylagin sevasanmi?
Yuragim sensan-dilsiz,
Yasholmam, bilasanmi?

Jannatda qo'l ushlashib, yurmoqlik nasib etsin,
Jujuqchalar tolesin ko'rmoqlik nasib etsin,
yana ming yil "dadasi" va "onasi" degancha,
bir birimizni suyab turmoqlik nasib etsin...
***

SHOIRIMGA

Hislarim bahoriy gullardek,
Yurakni bezaydi, bezaydi.
Bilsangiz, bu qalbim misli nur —
Sevgini izlaydi, izlaydi!

Sevaman, — demayman, o, lekin,
Ishq porlab turadi ko'zimda.
Muhabbat eng toza, eng nekbin,
Siz bahor bo'lingiz kuzimda...

She'rlarga tomizay izhorim,
Ko'nglimning ko'shkida ismingiz.
Ey, mening ko'zlari ummonim,
Yoqimli hattoki rashkingiz!

Qalbimni to'ldiring sevgiga,
So'ng sizga men ipsiz bog'lanay.

Majnunim bo'ling-u, Layliga,
Aylanay, aylanay, aylanay.

Ishoning, toshyurak emasman,
Menda ham osmondek ko'ngil bor.
Aytdim-ku, bu dilim bir chaman,
Mehribon bog'bonga intizor.

Qo'llarim tuting-u, qo'yvormang,
Baxtiyor bo'lmoqlik bo'lsin ahd!
Ishoning, O'ziga ishonsak,
Bizlarni kutadi go'zal baxt.
Men bilan qolingiz, qolingiz,
Bo'laylik eng shodon dillardan.
Shoirim, ilhomni oling siz,
Qalbimda ochilgan gullardan!
***

O'RGATASANMI?

Ko'zimda ashklarning ummoni bordir,
Yurakda gullagan ishqmi, sitammi?
Dilda ming yillarning armoni bordir,
Uni quvmoqlikni o'rgatasanmi?!

Qalbimda qahraton, olamda quyosh
Yerni bolam, deya, erkalaganmi?
Yashashni sevuvchi odamda quyosh,
Nurni ko'rmoqlikni o'rgatasanmi?!

Turfa o'ylar bilan banddir xayolim,
Mening qalbim faqat dardga vatanmi?!
Tunni shu'lalagan go'zal hilol-la,
Sirdosh bo'lmoqlikni o'rgatasanmi?!

Manguga yashashi kerakdir hislar,
Umidsiz umidni uyg'otasanmi?!

Har o'tgan lahzamga shukrona aytib,
Baxtga to'lmoqlikni o'rgatasanmi?!

Buzaman yurakda mung'aygan yakkash,
"Ishqsiz yashaydurman!", -degan qasamni...
Ishqni his qilayin, bo'lib Laylivash,
Menga sevmoqlikni o'rgatasanmi?!
***

Yomg'ir va bir qiz

Zamin yutoqqancha ichdi yomg'irni,
Quyosh bulutko'rpa yopinib oldi.
Bundayin har ondan ketgan sevinib,
Bitta qiz bor edi... Qaylarda qoldi?!

Har yomg'ir bir olam zavq edi unga,
Goho baxt, goho dard chekib yozardi...
Orzu katta edi dunyoyi dundan,
Diliga umidgul ekib yozardi.

O, endi o'shaaaanday yozmoqlik qiyin,
Nedir yetishmaydi, balki ulg'aydi.
Ammo yomg'irlarni ko'rgani sayin,
Ichida bir ovoz "yoz!" deb undaydi!

Yozadi, to'xtaydi, yozadi, to'xtar,
Qog'oz g'ijimlanar, otilar sekin.

Yomg'irdan keyingi quyoshga o'xshab,
Yozaversa, huv qiz qaytishi mumkin!

Demak, yomg'ir kerak...
Demak, yozish kerak...
***

RANJIMA

Ranjima, so'zimdan sezilmasa ishq,
Ranjima, sevgimni etmasam oshkor.
Ming bir Laylilarning sevgisidan ko'p,
Senga tuhfa etar muhabbatim bor...

Lekin buni oshkor etmoqlik dushvor,
Qalbda yashamoqda hadsiz andisha.
Sening ko'zlaringda yashnaydi bahor,
Sening so'zlaringda ishq bor hamisha!

So'zing otashidan quyosh hayratda,
Mehring ziyosidan unga tuhfa et.
Yorug'likdan yorug', samodan katta,
Qalbing dunyosiga meni olib ket!

Men esa aytmasman "sevaman!" so'zin,
Kechir, dildan tilga ko'chmas tuyg'ular!

Senga pichirlayman sevgimni o'zim,
Taqdir yo'llarimiz bir bo'lsa agar...

Qaysdek yashab turgin, bo'lib devona,
Roziman, sevsang-u sevilaversam...
Ammo ne qilayin, ochiq oshkora,
Sevmoqlik gunohdek tuyulaversa?!

***

Yomon ham koʻrmaysan, yoki yaxshi ham,
Ayt, senga kimman men, kim deb koʻrasan?
Oʻz aksimni izlab, koʻzingga boqsam,
Sen boshqa dildorni xayol surasan...

Yaxshi-ku koʻrmassan, mayli, hech qursa,
Yomon koʻr, nafrat soch soʻzlaring bilan.
Ummondan hadsizroq boʻlgan qalbingda,
Nahot, biror his yoʻq menga nisbatan?!
***

Yana senga

Seni yoʻqotishdan qoʻrqaman juda,
Sen ketsang... Boshimga qulaydi osmon!
Sensizlik oʻq otib, qalb olar zarba,
Soʻng... Bemor yurakda gullaydi armon...

Yonib potirlagan hislarim esa,
Qiynalgan yurakda mungʻaya boshlar.
Chashmimdan ashklarim oladi boʻsa,
Mening tengimmi, ayt, oʻsha koʻz yoshlar?!

Seni yoʻqotishdan qoʻrqsam, ne qilay?
Sevishing takrorla, bir men — Laylini.
Azizim, dunyoda, meni ham menday,
Yoʻqotib qoʻyishdan qoʻrqqin!
Maylimi?!
***

Ayni tong...

Quyoshjon nurlari bilan,
Zaminni erkalab uyg'otmoq payti.
Oxiri fevralni qattiq yiqitdi,
Bahorga yetmasdan ketmoqlik dardi.

O'rik urush qilar shamollar bilan,
Bilib bo'lmas bunda haqni, nohaqni.
Gullar to'kiladi...shamol to'kadi,
Bitta shundanmikan ularning farqi.

O'choqqa o't qalar uyg'ongach onam,
Ichidan «puf-puf»lab chiqarar dardni.
Dasturxon yozilar.
«Qornim to'q» deya
Keltirib qo'yadi bir patnis baxtni!

Umri o'taverar... Tin olmay chizib

Qog'ozi tugaydi musavvir vaqtning.
Va shu bahonada onam yuzini,
Ajinga to'ldirgan lahzalar mardmi?!

O, siz mehridaryo, hislari nekbin,
Sabri hech tugamas ayol farzandi...
Axir shu insonni kuldirmoq uchun
Martning sakkizini kutmoqlik shartmi?!

***

QIZG'ALDOQQA

Aytgin, qay bir qalbdan o'g'irlading rang?
Qayerlardan bo'yab olding qoshingni!
Shamolga sir aytib, unga suyansang,
Egib qo'ymaydimi, mag'rur boshingni?

Qamog'ing ichiga aylab asira,
Xayolim o'zingga etursan bandi?
Menku, osmonu yer bolasidurman,
Sen-chi? Sen qaysi qon dilning farzandi?!

Ayt, nima ilgansan kipriklaringga,
Yo onang tun bo'yi yig'lab chiqdimi?!
Nega dastro'moli bo'lmading uning?!
Yo o'zingning diling yumshab ketdimi?!

Ochilib, to'kilmoq bu taqdir ekan,
Axir shu haqiqat kezar olamni...

Yurakdagi qizil gullarim bilan,

Ayt, sening singlingga oʻxshayapmanmi?

***

Men bilansan!
Men bilansan!
Men bilansan!
Baxtiniso Mahmudova

Sen bilanman!

Ko'zlarimdan ko'zlarini uzmagay baxt,
O'nglarimda, so'llarimda kezmagay dard,
Taqvimimga sensizlikni yozmagay vaqt,
Sen bilanman!

Bir qadamdir, bo'yi mendan kichik osmon,
Sirli osmon, hadsiz osmon, suyuk osmon,
Vujudimni yondirolmas cho'g'dek armon,
Sen bilanman!

Zaminida, yuragimda kular quyosh,
Kulguchimda kulguchingda gullar quyosh,
Seni cheksiz sevishimni bilar quyosh,

Sen bilanman!

Borliging baxt, xayolimda ,hayotimda,
Uzun-uzun savolimda, bayotimda,
Kelajakka ishonchimsan, najotimsan,
Sen bilanman!

Bu zaminning mensiz otgan tongi qadar,
Jon qushining ketdim degan bongi qadar,
Nafasimning to oxiri, so'ngi qadar,
Sen bilanman! Sen bilanman! Sen bilanman!

***

Ranjima, so'zimdan sezilmasa ishq,
Ranjima, sevgimni etmasam oshkor.
Ming bir Laylilarning sevgisidan ko'p,
Senga tuhfa etar muhabbatim bor...

Lekin, buni oshkor etmoqlik dushvor,
Qalbda yashamoqda hadsiz andisha.
Sening ko'zlaringda yashnaydi bahor,
Sening so'zlaringda ishq bor hamisha!

So'zing otashidan quyosh hayratda,
Mehring ziyosidan unga tuhfa et.
Yorug'likdan yorug', samodan katta,
Qalbing dunyosiga meni olib ket!

Men esa aytmasman «sevaman!» so'zin,
Kechir, dildan tilga ko'chmas tuyg'ular!
Senga pichirlayman sevgimni o'zim,
Taqdir yo'llarimiz bir bo'lsa agar...

Qaysdek yashab turgin, bo'lib devona,

Roziman, sevsang-u sevilaversam...

Ammo ne qilayin ochiq oshkora,

Sevmoqlik gunohdek tuyulaversa...

***

Qizimga!

Sofiya! Ko'zlari dengizrang qizim,
Toleyingga baxtlar bossin muhrini...
Akang ham sen borsan, dadang ikkimiz,
Sizlarga tilaymiz go'zal umrni...

Sofiya! Allohning mo'jizasi sen,
Kelding — bag'rimdasan xuddiki quyosh.
Ming shukr Rabbimga bu tuhfa uchun,
Qaroqlaringda sira ko'rmayin g'amyosh!

Sofiya! Qalbimda boshlandi bahor,
Xush yasha! Xush kelding dunyoyi-dunga!
Tashakkur aytaman takror va takror,
Meni ona qilib tanlaganingga!

***

Eshitganmisan hech ayt, shuncha yashab dunyoda,
Shamolning daraxtlarga yoʻllagan shivirini?
Nima deb oʻylar eding tomchi tushsa samodan?
Bu koʻkning koʻz yoshi yo shunchaki
yomgʻirmidi?!

Mezon uchsa soch deya-keksa momongning sochi,
Qorlar yogʻsa oʻxshatib bobongning soqoliga,
Ba'zida kelmasmidi dunyodan ketging qochib,
Ming bitta savol qaynab chiqqanmi xayolingdan?

Gullarning iforidan diling bahorlanganmi?
Sen ham jilmayarmiding , quyoshjon kulib boqsa?
Tasalli berganmisan hayot ozorlaganga?
Deganmisan: «Qaniydi koʻzdan toʻlib baxt oqsa!»

Orzularing tirikmi, oʻldirib qoʻymadingmi?
Koʻksingni yoqmaydimi toʻyib olgan nafasing?
Sen ham bir dil ishqida kuydingmi, kuymadingmi?
Ishq nima? Bormi unga keltiruvchi qiyosing?

Bariga qoʻl siltagan kezlaring ham boʻlganmi?
Necha marta oʻzingni yolgʻiz, ojiz sezgansan?
Necha marta yashashni chin yurakdan sevganu,
Va necha marta undan juda qattiq bezgansan?

Ruhiyating chanqasa tongqiziga diling ber,
Ki, top-toza ruh ila qutqarmishlar dunyoni!
Zulmatda ham topmoqlik mumkin ekan behad nur,
Yuragingning tubiga joylay olsang Xudoni!
***

Bir kuni men seni yo'q, yo'q sen meni,
Axtarib toparsan muhabbatim deb.
Men esa pok ishqni sezib ko'zingdan,
Seni ham chin qalbdan qolaman sevib...

Bir kuni xayollar aylanar rostga ,
Bir kuni qalbingda ismim gullaydi.
Bir kuni yetamiz kutguvchi baxtga,
Bizni shodlik sevib g'amlar sevmaydi!

Bir kuni sevmog'ing aytajaksan sen,
Mensiz yasholmaslik taqdiring bo'lar.
Men-chi, ishqim so'zda olmasamda tan,
Ko'zim kengligida muhabbat kular...

Bir kuni biz yurar yo'llar birlashar,
Dilda yashar Layli-Majnun sevgisi.
Azizim, umrimning so'ngiga qadar,
Ilk sevgim bo'lasan va oxirgisi...
Ilk sevging bo'laman va oxirgisi...
***

Bilmayman, nimaga haqqim bor o'zi?
Chegara chizib ber hadsiz haddimga.
Necha ming dengizning vatani ko'zim
Sendan ko'ra ko'proq sherik dardimga.

«Nima ishing bordir?!» — deysan bemalol,
Ishon, endi sira yormayman ko'nglim!
Ruhimga yopishib olgan bir savol
«O, axir, so'ylagin, men nima qildim?!»

Tonglarni boshimdan sochgin hovuchlab,
Qulingdan kelmasmi?!
Qular falagim...
Chap ko'ksim ostida chiqadi yig'lab,
Yetim hislar bilan qolgan yuragim...

****

O'g'lim ABDULHAY ga

Yaxshiyamki borsan dunyoda,
Yaxshiyamki Rabb berdi seni!
O, bo'lmasa allaqonlar,
G'amlar cho'qib tashlardi meni!

Ko'zlaringning ummonlariga,
Cho'kmoqlik ham osmoniy baxtdir!
Peshonasin o'pgim keladi,
Menga seni keltirgan vaqtning...

Yaxshiyamki olyapsan nafas,
Qaroqlaring-shodlik doyasi.
Yuragingga tushmasin hech ham,
Zardoblangan alam soyasi!

Menla bo'lsang, halovat topgum,
Yuksaklikka chiqurmiz birga!
Hislarimni cho'miltiraman,
Kulguchingdan to'kilgan nurga...

***

O'G'LIM ABDULHAY ga

Sen faqat baxtlarga loyiqsan, o'g'lim!
Faqat tonglar senga munosib, bilsang!
Kulguchingga cho'kib ketishim mumkin,
Nekbin-nekbin kulib, tabassum qilsang!

Sen mening ovunchim, yagona suyanch,
Faqat Alloh bilar kimga kim bo'ldim!
Kutib yashadim ko'p-keltirding quvonch,
Men ham senga o'xshab tabassum qildim!

Zulmatim quvildi qalbga ekilgan...
Keltirding shodlikning eng ma'sumini...
Onangman! Bolamsan! Endi bizlardan,
Hayot ayamaydi tabassumini!

www.ingramcontent.com/pod-product-compliance
Lightning Source LLC
LaVergne TN
LVHW010415070526
838199LV00064B/5308